PREMIÈRES LEÇONS

DE LECTURE

SPÉCIALEMENT RÉDIGÉES

POUR LES PENSIONNATS DE DEMOISELLES

PAR A. CHAILLOT

Leçons de Logique, Rhétorique, Littérature, Style,
Arts, Cosmographie, Physique, Hygiène,
Zoologie, Jardinage, etc.
Traducteur des œuvres de Walter Scott, Cooper, etc.

AVIGNON
AMÉDÉE CHAILLOT, ÉDITEUR

PARIS
VICTOR SARLIT, LIBRAIRE
Rue de Tournon, 19

L. | M. | 84   DECEMBER.

Octav. in L. et M. Gl. Cr. Præf. et *Communic.*
Nativ. et Evang. Dom. in fine. Vesp. de Circ
cisione Domini sine Comm. *Alb.*

Hodiè et per totum annum seq. MDCCCLXXII Luna
Martyrologio pronuntiat. sub littera A majusc. et Ep
ejusd. anni erit XX.

LAUS ET HONOR SUMMO DEO,

BEATÆ MARIÆ VIRGINI IMMACULATÆ,

ET OMNIBUS SANCTIS,

AMEN.

Explicit Ordo anni Domini MDCCCLXXI.

JESUS, MARIA, JOSEPH.

LEÇONS
DE LECTURE

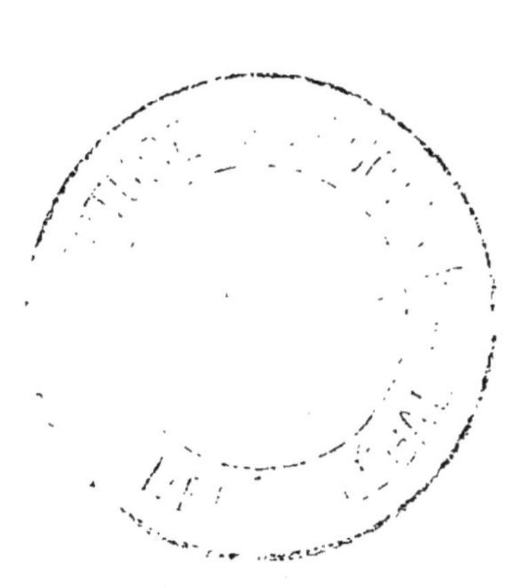

Autres Leçons rédigées pour les Pensionnats de Demoiselles, par M. A. CHAILLOT.

Premières Leçons de LECTURE, à l'usage des Pensionnats de Demoiselles, un volume in-12.

LOGIQUE ET PSYCHOLOGIE ou l'Art de raisonner juste et de connaître les facultés de l'Esprit humain, d'après Bossuet. Un vol. in-12.

L'ART D'ÉCRIRE avec clarté, élégance et pureté, d'après Rollin. Un vol. in-12.

LA RHÉTORIQUE, Règles pour composer et juger un discours, d'après Fénelon. Un vol. in-12.

LES BEAUX-ARTS, leur origine, leurs lois et leurs procédés, avec figures explicatives. Un vol. in-12.

LA COSMOGRAPHIE, la Géognosie et la Météorologie, ou la connaissance des lois et des phénomènes de la nature, avec figures explicatives. Un vol. in-12.

L'ART d'établir et de conduire un MÉNAGE avec ordre, agrément et économie. Un vol. in-12.

LA PHYSIQUE, ou les lois de l'électricité, de la lumière, de la chaleur, etc. avec figures explicatives. Un vol. in-12.

Petit traité de JARDINAGE, leçons simples et pratiques pour cultiver un jardin potager, fruitier et fleuriste, et pour tailler les arbres à fruit, avec figures explicatives. Un vol. in-12.

ZOOLOGIE, ou notions essentielles de Physiologie et d'Histoire naturelle, avec figures. Un vol. in-12.

BOTANIQUE, notions essentielles de Physiologie végétale, avec figures. Un vol. in-12.

Méthode pour apprendre rapidement la Langue ANGLAISE. Un vol in-12.

L'HYGIÈNE, ou l'art de soigner sa santé. Un vol. in 12.

A. Chaillot

PREMIÈRES LEÇONS

DE LECTURE

SPÉCIALEMENT RÉDIGÉES

POUR LES PENSIONNATS DE DEMOISELLES

PAR A. CHAILLOT

Auteur des Leçons de *Logique, Rhétorique, Littérature, Style,*
Beaux-Arts, Cosmographie, Physique, Hygiène,
Zoologie, Jardinage, etc.
Traducteur des œuvres de *Walter Scott, Cooper,* etc.

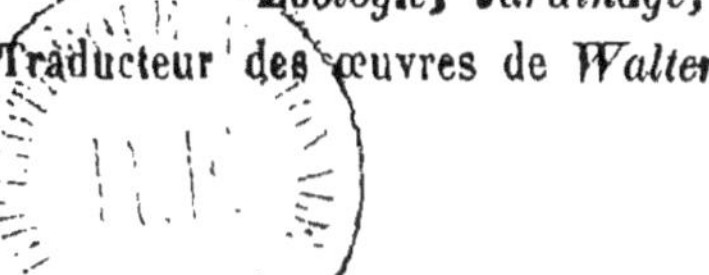

PARIS

VICTOR SARLIT, LIBRAIRE

Rue de Tournon, 19

AVIGNON

AMÉDÉE CHAILLOT, ÉDITEUR

a b c d
e f g h
i j k l
m n o p

q r s t
u v x y z

A B C D E

F G H I J

K L M N

OPQRS

TUVX

YZW

Majuscules italiques.

A B C D
E F G H
I J K L
M N O P
Q R S T
U V X Y Z

1.

Minuscules italiques.

a b c d e
f g h i j k
l m n o p
q r s t u v
x y z

Majuscules Anglaises.

A B C D
E F G H
I J K L
M N O P
Q R S T
U V X
Y Z W

Majuscules et Minuscules Anglaises.

A a B b C c D d E e F f G g

H h I i J j K k L l M m

N n O o P p Q q R r S s T t

U u V v X x Y y Z z W w

1 2 3 4 5 6 7 8 9 0 &., ;:!()

Majuscules ornées et Minuscules de Gothique.

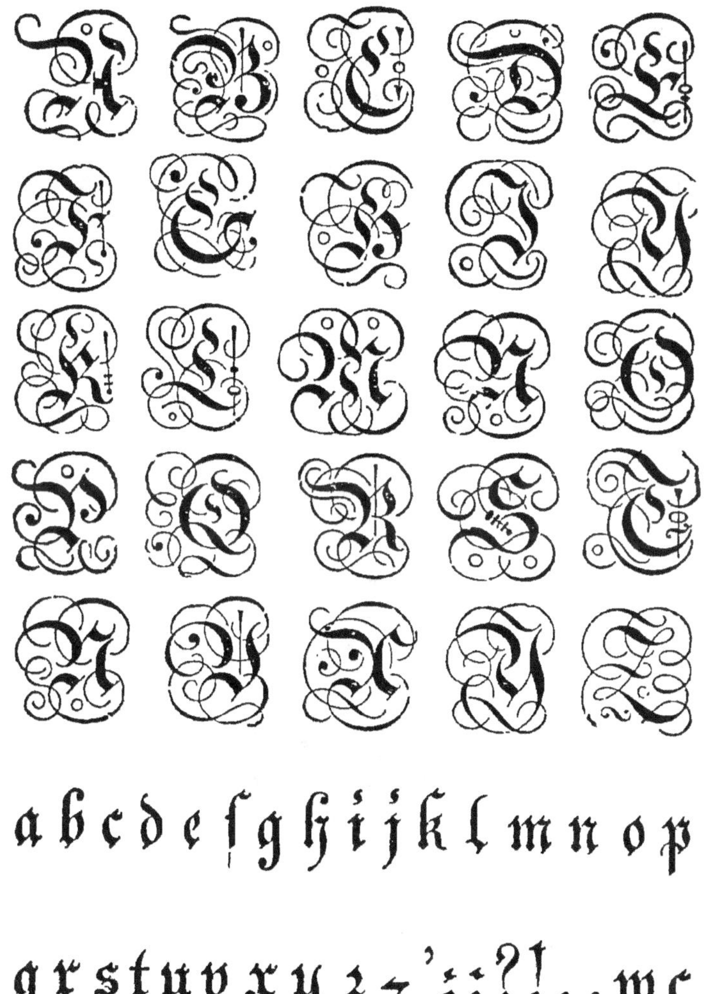

a b c d e f g h i j k l m n o p

q r s t u v x y z - ' ;: ?! , . w ç

Majuscules et Minuscules de Ronde.

A B C D E F G H I J K L M N O P
Q R S E V X Y Z

a b c d e f g h i j k l m n o p q r s t u v x
y z œ œç . , : ; - ' ? !

Voyelles.

a e i o u y

Consonnes.

b c d f g h
j k l m n p
q r s t v x z

Accents.

aigu   grave   circonflexe

é à è i ò ù   â ê î ô û

Chiffres.

1 2 3 4 5
6 7 8 9 0

Ponctuation.

Point Virgule Deux points Point et virgule Apostrophe

Point d'interrogation Point d'admiration Trait-d'union

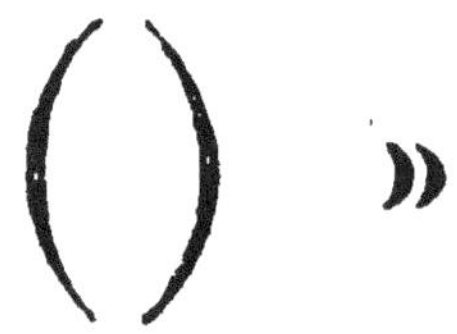

Parenthèse   Guillemet

Diphthongues.

au ai eu eau ei
ieu ie oi eoi ou

Nasales.

an en in ein on un

Lettres composées.

ch ph

Syllabes.

Ba	be	bi	bo	bu
Ca	ce	ci	co	cu
Da	de	di	do	du
Fa	fe	fi	fo	fu
Ga	ge	gi	go	gu
Ja	je	ji	jo	ju
La	le	li	lo	lu
Ma	me	mi	mo	mu
Na	ne	ni	no	nu
Pa	pe	pi	po	pu

Qua que qui quo quu
Ra re ri ro ru
Sa se si so su
Ta te ti to tu
Va ve vi vo vu
Xa xe xi xo xu
Za ze zi zo zu

Bla ble bli blo blu

Cla cle cli clo clu

Fla fle fli flo flu

Gla gle gli glo glu

Pla ple pli plo plu

Vra vre vri vro vru

Bra bre bri bro bru

Cra cre cri cro cru

Fra fre fri fro fru

Gra gre gri gro gru

Pra pre pri pro pru

Mots d'une syllabe.

Bât	Franc
Cor	Pré
Dur	Prix
Faix	Prompt
Grand	Vrai
Plan	Sœur
Bras	Cœur
Brin	Fleur
Cri	Gris
Plein	Gros
Saint	Four

Mots de deux syllabes.

Bâ ton	Ver tu
Co rail	Gloi re
Fran çais	Pri se
Pri son	Crise
Bla son	Ter re
Cla meur	Pè re
Fri son	Mè re
Gros seur	Frè re
Gran deur	En fant
San té	On cle

Mots de trois syllabes.

Bâ ti ment
Du re ment
Sain te té
Fran çai se
Sur pri se
Vé ri té
Tour nu re
Ver tu eux
Glo ri eux
A dou cir
Re ten tir
Jus ti ce
Sup pli ce
A ni mal
Ca pi tal
Vé gé tal

Mots de quatre syllabes.

A van ce ment
A gen ce ment
Plan ta ti on
Na ta ti on
O ri gi nal
Ho ri zon tal
A gré a ble
Vé ri ta ble
Cer ti fi cat
In dé li cat
En cou ra ger
En vi sa ger
Im pru den ce
Tur bu len ce
En tre pri se

Membres de phrases.

L'enfant qui est bien sage.
Le jeu le plus amusant.
Le chien qui veut dormir.
Le petit oiseau qui vole.
Une poule cherchant à manger.
Un corbeau perché sur un arbre.
Un ruisseau d'eau bien claire.
Le vent soufflant bien fort.
Un petit garçon studieux.

Phrases.

L'enfant sage obéit à son père et à sa mère.

Quand il a bien lu, on lui permet de jouer, et on lui donne des jeux bien amusants.

Avant de se coucher pour dormir le chien fait plusieurs tours.

L'oiseau se soutient en l'air en remuant ses ailes.

La poule gratte la terre pour en faire sortir des grains ou des vers qu'elle mange.

Un corbeau perché sur un arbre tenait un fromage dans son bec.

Un agneau vint boire dans un ruisseau dont l'eau était bien claire.

Le vent soufflait si fort qu'il déracinait les arbres.

Un petit garçon studieux trouve sa récompense dans le contentement qu'il donne à son papa, à sa maman et à ses maîtres.

Une petite fille bien obéissante est chérie de tout le monde, tandis que celle qui est maussade, désobéissante et paresseuse n'est aimée par personne.

Le bon Dieu récompense les enfants sages et punit les méchants.

On ne voit pas Dieu, mais Dieu voit tout, et il sait tout que nous faisons, tout ce que nous disons et tout ce que nous pensons.

Nous devons obéir aux commandements de Dieu, c'est-à-dire que nous devons faire tout ce qu'il ordonne et éviter tout ce qu'il défend.

Oraison Dominicale.

Notre Père, qui êtes aux cieux, que votre nom soit sanctifié, que votre règne arrive ; que votre volonté soit faite en la terre comme au ciel : donnez-nous aujourd'hui notre pain quotidien : et pardonnez-nous nos offenses, comme nous pardonnons à ceux qui nous ont offensés : et ne nous laissez pas succomber à la tentation, mais délivrez-nous du mal. Ainsi soit-il.

Salutation Angélique.

Je vous salue, Marie, pleine de grâce, le Seigneur est avec vous : vous êtes bénie entre toutes les femmes, et Jésus le fruit de vos entrailles est béni.

Sainte Marie, Mère de Dieu, priez pour nous pauvres pécheurs, maintenant et à l'heure de notre mort.

Ainsi soit-il.

2.

Symbole des Apôtres.

Je crois en Dieu le Père tout-puissant, Créateur du ciel et de la terre, et en Jésus-Christ son Fils unique Notre Seigneur, qui a été conçu du Saint-Esprit, est né de la Vierge Marie, qui a souffert sous Ponce Pilate, a été crucifié, est mort et a été enseveli, qui est descendu aux enfers, et le troisième jour est ressuscité des morts, qui est monté aux cieux, est assis à la droite de Dieu le Père tout-puissant, et qui de là viendra juger les vivans et les morts.

Je crois au Saint-Esprit, la sainte Eglise Catholique, la communion des Saints, la rémission des péchés, la résurrection de la chair, la vie éternelle. Ainsi soit-il.

Confession des péchés.

Je me confesse à Dieu tout-puissant, à la bienheureuse Marie toujours vierge, à saint Michel archange, à saint Jean-Baptiste, aux apôtres saint Pierre et saint Paul, à tous les Saints, et à vous, mon Père, de tous les péchés que j'ai commis en pensées, paroles et œuvres, par ma faute, par ma faute, par ma très-grande. C'est pourquoi je prie la bienheureuse Marie toujours vierge, saint Michel archange, saint Jean-Baptiste, les apôtres saint Pierre et saint Paul, tous les Saints, et vous, mon Père, de prier pour moi envers le Seigneur notre Dieu.

Que le Dieu tout-puissant nous fasse miséricorde, qu'il nous pardonne nos péchés, et nous conduise à la vie éternelle. Ainsi soit-il.

Que le Seigneur tout puissant et miséricordieux nous donne l'indulgence, l'absolution et la rémission de tous nos péchés. Ainsi soit-il.

Les Commandemens de Dieu.

Un seul Dieu tu adoreras, et aimeras parfaitement.

Dieu en vain tu ne jureras, ni autre chose pareillement.

Les Dimanches tu garderas, en servant Dieu dévotement.

Père et mère honoreras afin que tu vives longuement.

Homicide point ne seras, de fait ni volontairement.

Luxurieux point ne seras, de corps ni de consentement.

Les biens d'autrui tu ne prendras ni retiendras à ton escient.

Faux témoignage ne diras, ni mentiras aucunement.

L'œuvre de la chair ne désireras, qu'en mariage seulement.

Les biens d'autrui tu ne convoiteras pour les avoir injustement.

Les Commandemens de l'Église.

Les Dimanches Messe ouïras,
et Fêtes de commandement.

Tous tes péchés confesseras, à
tout le moins une fois l'an.

Ton Créateur tu recevras, au
moins à Pâques humblement.

Les Fêtes tu sanctifieras, qui te
sont de commandement.

Quatre-temps, Vigiles jeûneras,
et le Carême entièrement.

Vendredi chair ne mangeras, ni
le Samedi mêmement.

Notions sur la Religion.

La plus importante de nos connaissances est la religion, puisqu'elle est destinée à faire notre bonheur en ce monde et dans la vie future. La religion est le culte que l'on rend au vrai Dieu, en observant fidèlement les lois qu'il nous a données par ses prophètes et par Jésus-Christ. Ces lois sont contenues dans la Bible. Ce livre, inspiré par l'Esprit-Saint, est divisé en deux parties : la première ou l'Ancien Testament renferme la mission de Moïse et des Prophètes ; la seconde partie ou le Nouveau Testament, nous instruit de la morale et de la vie de Jésus-Christ.

L'Ecriture Sainte nous apprend qu'il existe un Dieu qui a créé le ciel et la terre par sa toute-puissance, qui gouverne le monde par sa sagesse et qui rendra à chacun selon ses œuvres.

Dieu est tout-puissant, infini, présent partout, éternel ou sans commencement ni fin, indépendant, immuable.

Dieu existe en trois personnes, le Père, le Fils et le Saint-Esprit. Ces trois personnes sont égales en toutes choses, ayant la même substance, la même nature, la même divinité, un même entendement, une même volonté, une même puissance ; elle ne forment pas trois dieux, mais un seul Dieu.

La seconde personne, qui est le Fils, s'est fait homme, en prenant un corps et une âme semblables aux nôtres dans le sein de la Vierge Marie.

Dieu qui n'a point eu de commencement a fait commencer, quand il lui a plu, le temps et le monde. Il a d'abord créé les anges, esprits invisibles et séparés de toute matière, qui le voient et le louent sans cesse dans le ciel, et dont quelques-uns ont la mission de veiller sur les hommes, pour les préserver du mal et les porter à la vertu. Chaque homme a son ange gardien.

Une partie de ces anges, imparfaits comme tout ce qui a été créé, s'éleva par orgueil ; ils furent précipités du ciel et condamnés à des tourments perpétuels dans l'enfer. La haine qu'ils ont contre Dieu augmente l'envie qu'ils portent aux hommes ; il les attaquent, ils les tentent et tâchent de les séduire et de les faire tomber dans le péché.

Dieu créa ensuite le ciel, la terre, tout qu'ils renferment, et enfin l'homme et la femme, dont le corps est matériel, mais dont l'âme est spirituelle. il les avait créés saints et exempts des passions ; mais, tentés par le démon, ils désobéirent à Dieu, furent chassés du paradis terrestre, et devinrent, eux et leur postérité, sujets aux maladies et à la mort.

La preuve de l'ancienneté de la

religion est dans l'impossibilité d'assigner une autre époque de sa naissance que l'origine même du monde. Adam l'a reçue de Dieu même, Noé l'a sauvée du déluge, les patriarches l'ont conservée jusqu'à la loi écrite que Dieu donna à Moïse sur le mont Sinaï, au milieu d'un grand appareil, et qui a subsisté jusqu'à la venue de Jésus-Christ.

Le premier homme avait péché, en désobéissant à Dieu, et tous les autres hommes ont été sujets à la mort comme lui, par suite de ce péché. Ils devaient être privés du ciel ; mais Dieu a voulu leur pardonner, et il leur a envoyé son Fils unique.

Ce Fils qui est Jésus-Christ, Dieu et homme tout ensemble, est venu délivrer les hommes de l'esclavage du péché, et des peines de l'enfer.

L'histoire de J.-C. a été écrite

par les quatre évangélistes, saint Mathieu, saint Marc, saint Luc, saint Jean.

Sous le règne de l'empereur Auguste, vivait parmi les Juifs une fille d'une grande sainteté, nommée Marie, qui avait été fiancée à un homme nommé Joseph. Tous deux étaient de la tribu de Juda et de la race de David ; mais ils étaient pauvres, et Joseph faisait le métier de charpentier. Ils demeuraient à Nazareth, petite cité de Galilée.

Un ange vint annoncer à Marie qu'elle serait la mère du Christ. Elle le mit au monde à Bethléem, où elle avait été obligée de se rendre avec son époux pour faire inscrire son nom dans le lieu de son origine, d'après un ordre de l'empereur Auguste. Ils ne trouvèrent point

de place dans l'hôtellerie et furent contraints de se loger dans une étable.

Une ange annonça la venue du fils de Dieu aux bergers qui gardaient leurs troupeaux dans les environs ; ils vinrent l'adorer. Huit jours après sa naissance, il fut circoncis et nommé Jésus c'est-à-dire Sauveur. Six jours après, des mages vinrent de l'Orient, guidés par une étoile, pour l'adorer, et lui offrirent de l'or, de l'encens et de la myrrhe. Comme ils disaient qu'ils venaient adorer le roi des Juifs, Hérode en prit l'alarme, et

fit mourir tous les enfants des
environs de Bethléem.

Mais saint Joseph, averti par un ange pendant son sommeil, emmena Jésus en Égypte avec sa mère, et ils y demeurèrent jusqu'à la mort d'Hérode ; puis ils revinrent à Nazareth, où Jésus vécut inconnu jusqu'à l'âge d'environ trente ans, soumis à sa mère et à saint Joseph, et travaillant avec lui du métier de charpentier.

Une seule fois, Jésus laissa entrevoir sa mission divine. Agé de douze ans, étant allé à Jérusalem avec ses parents, ils le perdirent

et ne le retrouvèrent qu'après trois jours de recherches, assis dans le temple au milieu des docteurs, les écoutant et les instruisant.

A l'âge de trente ans, il se présenta à saint Jean-Baptiste qui prèchait la pénitence sur les bords du Jourdain et baptisait ceux qui venaient à lui. Jean-Baptiste en le baptisant le reconnut pour le Messie. Après son baptème, Jésus alla dans le désert où il jeûna quarante jours, et fut tenté par le démon. Il revint ensuite en Galilée et demeura près du lac de Génésareth. Là il appela pour le suivre quatre pêcheurs, André et Simon son frère, et deux autres frères, Jacques et Jean, enfants de Zébédée ; il en appela d'autres ensuite. Bientôt il eut un grand nombre de disciples, c'est-à-dire de gens atta-

Vocation des Apôtres.

chés à l'écouter et à s'instruire soigneusement de sa doctrine. Il en choisit douze qu'il nomma *apôtres*, c'est-à-dire *envoyés*; parce qu'il les envoya prêcher l'Evangile. Il prouva la divinité de sa mission par de nombreux miracles.

La doctrine et les miracles de Jésus-Christ le rendirent célèbre dans toute la Palestine. C'est à cette époque que, sachant que l'heure de sa mort approchait, il se rendit à

Jérusalem, où il fit une entrée triomphante, aux acclamations de tout

le peuple, qui s'était porté à sa rencontre en tenant des branches de palmier.

Les succès de ses prédications lui firent de nombreux ennemis, parmi lesquels les Pharisiens, dont il reprenait hautement les vices et l'hypocrisie, furent les plus ardents à le persécuter. Ce fut au temps de Pâques, environ trois ans après qu'il eut commencé à prêcher, qu'ils résolurent de le perdre et de le faire mourir.

Le jeudi avant les fêtes de Pâques, Jésus-Christ fit la cène avec ses disciples ; il lava les pieds à chacun d'eux. Comme ils mangeaient, il prit du pain, le bénit, le rompit, et le leur distribua en disant : Prenez et mangez, ceci est mon corps. Puis il prit du vin, le bénit de même et leur dit : Buvez en tous :

Institution de l'Eucharistie.

ceci est mon sang qui sera répandu pour vous. Après avoir ainsi institué le sacrement de l'Eucharistie, il se rendit au mont des Olives, en un jardin où il avait coutume de prier.

Judas, un des apôtres, avait choisi ce moment pour trahir son divin maître ; il vint avec une troupe de gens armés qui prirent le Sauveur et l'emmenèrent devant Caïphe, grand-prêtre, par qui il fut condamné à mort sur de faux témoignages. Il fut conduit ensuite chez Pilate.

Jésus est mis en croix.

Ce gouverneur romain le fit battre de verges quoiqu'il le trouvât innocent, mais les ennemis du Christ et le peuple juif ameuté par eux demandèrent sa mort à grands cris. Le lâche gouverneur l'abandonna à ces furieux.

On le conduisit en un lieu nommé Golgotha ou Calvaire. Là l'Homme-Dieu fut crucifié entre deux voleurs. A sa mort les ténèbres couvrirent la terre qui trembla et des morts ressuscitèrent.

Le corps de Jésus-Christ fut mis dans un tombeau neuf, autour duquel des gardes furent postés. Mais le Christ sortit du tombeau vivant et glorieux trois jours après sa mort.

Il apparut plusieurs fois pendant quarante jours à ses apôtres et à ses disciples, et ensuite il monta au ciel, d'où il viendra un jour pour juger tous les hommes.

Dix jours après être monté au ciel il envoya son Saint-Esprit qui descendit sur ses apôtres en forme de langues de feu. Alors ils se répandirent par toute la terre, prêchant l'évangile à toutes les nations, et les convertissant à la foi chrétienne qui seule peut sauver les hommes.

Au dernier jour, quand le Christ viendra dans toute sa gloire, entouré des anges et des saints, les morts ressusciteront et se rassembleront devant Jésus-Christ, le juge-suprême ; les bons, ceux qui auront obéi à la loi de Dieu, iront au ciel où ils seront éternellement heureux ; les méchants, ceux qui auront désobéi à la loi de Dieu, iront en enfer où ils souffriront des peines qui ne finiront jamais.

Dieu a donné à l'homme un corps et une âme. Par son corps, l'homme est semblable aux animaux, mais par son âme il est semblable à Dieu. Le corps meurt, mais l'âme ne meurt pas.

L'homme est capable de connaître Dieu, de l'aimer, de l'adorer, de le servir, et par ce moyen il peut obtenir une récompense qui le rendra éternellement heureux.

Mais le premier homme ayant péché a transmis à tous les autres hommes sa faute et ses conséquences dont il ne pouvait pas se relever.

Pour racheter les hommes, il fallait une victime digne d'être offerte à la majesté de Dieu et capable de satisfaire sa justice. Jésus-Christ a été cette victime, et il a subi la mort sur la croix.

Pour nous donner les moyens et la force de suivre la loi de Dieu, de pratiquer ses commandements, Jésus-Christ a établi les sacrements. Ces sacrements sont au nombre de sept : le Baptême, la Confirmation, l'Eucharistie, la Pénitence, l'Extrême-Onction, l'Ordre et le Mariage.

Tous les travaux de Jésus-Christ

sur la terre, tous les moyens de salut qu'il a établis ont eu pour but de fonder son Eglise. L'Eglise est la société visible de tous les vrais disciples de Jésus-Christ. Le chef visible de l'Eglise est le Pape qui est le vicaire de Jésus-Christ sur la terre. Les Evêques sont les successeurs des Apôtres ; ils ont la charge d'enseigner les Fidèles, et de leur administrer les sacrements, par eux-mêmes, ou par les prêtres à qui ils en donnent le pouvoir.

Jésus-Christ prêchant l'Évangile.

MAXIMES

TIRÉES

DE L'ÉCRITURE SAINTE

Enfants, obéissez à vos pères et mères en ce qui est selon le Seigneur, car cela est juste. Ephes. 5.

Honorez votre père et votre mère, afin que vous soyez heureux et que vous viviez longtemps sur la terre. Deut. 5.

Celui qui outragera son père et sa mère est digne de mort. Exod. 21.

4

Mon fils, soulagez votre père dans sa vieillesse et ne l'attristez pas durant sa vie, car la charité que vous aurez eue pour votre père ne sera pas mise en oubli devant Dieu. Eccl. 3.

Corrigez votre fils, il vous consolera et il deviendra les délices de votre âme. Prov. 29.

Le méchant se moque de la correction de son père ; mais celui qui se soumet au châtiment en deviendra plus sage. Prov. 15.

L'enfant abandonné à sa volonté couvrira de confusion sa mère, et il deviendra insolent. Prov. 29.

L'enfant qui dérobe quelque chose à son père et à sa mère, et qui dit que ce n'est pas un péché, a part au crime des homicides. Prov. 18.

Enfants, obéissez à vos supérieurs, et soyez soumis à leurs ordres, car ce sont eux qui veillent pour le salut de vos âmes, comme devant rendre compte à Dieu. Heb. 13.

Celui qui aime à être repris aime la science ; mais celui qui hait les réprimandes s'égare. Prov. 10.

Celui qui fréquente des personnes sages devient sage. Prov. 13.

Rendez-vous service les uns aux autres par un esprit de charité. Gal. 5.

Soyez toujours prêts à faire du bien à vos frères et à tout le monde. Thess. 5.

N'ayez point de liaisons avec les méchants. Eccl. 7.

Mon fils, ayez Dieu présent tous les jours de votre vie, et ne consentez jamais au péché, et ne violez jamais les préceptes de la Loi du Seigneur notre Dieu. Tobie, 4.

Celui qui commet le péché est enfant du diable, et celui qui est né de Dieu ne commet point de péché. Epitre S. Jean, 3.

Celui qui a de la vanité et de l'orgueil sera en abomination devant Dieu. Prov. 16.

Vous aimerez le Seigneur votre Dieu de tout votre cœur, de toute votre âme et de tout votre esprit. Matth. 22.

Sachez que Dieu vous fera rendre compte au jour du jugement de toutes les choses que vous aurez faites dans votre jeunesse. Eccl. 11.

Si vous voulez entrer dans la vie

4.

éternelle observez mes commande-mens. Saint Matth. 19.

Mon fils, ne craignez point ; il est vrai nous sommes pauvres, mais nous aurons beaucoup de biens si nous craignons Dieu et si nous nous éloignons de tout péché, et si nous faisons de bonnes actions. Tobie, 4.

Quand vous entrez dans la maison du Seigneur considérez où vous êtes. Eccl. 4.

Veillez et priez, afin que vous ne succombiez pas à la tentation. Saint Matth. 26.

Soit que vous mangiez, soit que vous buviez, ou quelque chose que vous fassiez, faites-le pour la gloire de Dieu et au nom de Jésus-Christ notre Seigneur, en rendant grâce à Dieu le Père par lui. 1 Cor. 10.

Je vous le dis en vérité, que si vous ne vous convertissez, vous n'entrerez point dans le royaume des Cieux. S. Matth. 18.

Ne rougissez point et n'ayez point de honte de confesser vos péchés, et ne vous soumettez point à toutes sortes de personnes pour le péché. Eccl. 4.

Vous aimerez votre prochain comme vous-même. S. Matth. 22.

Mes petits enfants, n'aimez point vos frères de parole ni de langue, mais par des œuvres et en vérité. Ep. S. Jean, 5.

Traitez les autres comme vous voudriez en être traités ; car c'est là toute la Loi et les Prophètes. S. Matth., 7.

Vous ne déroberez point, et vous ne désirerez rien des biens de votre prochain. Exod. 20.

Celui qui méprise la sagesse et l'instruction est malheureux. Sag. 3.

Écoutez avec docilité ce que l'on vous dit, afin de le bien comprendre, et de donner une réponse sage et juste. Eccl. 18.

Ne répondez point avant que d'avoir écouté, et n'interrompez personne au milieu de son discours. Eccl. 11.

Instruisez-vous avant que de parler. Eccl. 18.

Ne soyez point lâches dans votre

devoir, et conservez-vous dans la ferveur de l'esprit, considérant que c'est le Seigneur que vous servez. Rom. 12.

Fuyez les disputes et les querelles. Tit. 3.

Le faux témoin ne demeurera point impuni, et celui qui dit des menson-ges périra. Prov. 19.

Ne rendez à personne le mal pour le mal. Rom. 12.

Que toute aigreur, tout emporte-ment et toute colère soient bannis d'entre vous, Ephes. 4.

*Ne cherchez point à vous venger,
et ne conservez point de souvenir de
l'injure de vos compagnons. Lév. 16.*

*Ne rougissez point de dire la véri-
té, car il y va de votre salut. Eccl. 4.*

*Ayez le mal en horreur, et atta-
chez-vous fortement au bien. Ps. 36.*

*Tout paresseux est toujours pau-
vre. Prov. 21.*

*Celui qui ne veut point travailler
ne doit point manger. Tess. 3.*

TABLE DE MULTIPLICATION

2 fois 2 font 4			5 fois 5 font 25		
2 — 3 — 6			5 — 6 — 30		
2 — 4 — 8			5 — 7 — 35		
2 — 5 — 10			5 — 8 — 40		
2 — 6 — 12			5 — 9 — 45		
2 — 7 — 14			5 — 10 — 50		
2 — 8 — 16					
2 — 9 — 18			6 — 6 — 36		
2 — 10 — 20			6 — 7 — 42		
			6 — 8 — 48		
3 — 3 — 9			6 — 9 — 54		
3 — 4 — 12			6 — 10 — 60		
3 — 5 — 15					
3 — 6 — 18			7 — 7 — 49		
3 — 7 — 21			7 — 8 — 56		
3 — 8 — 24			7 — 9 — 63		
3 — 9 — 27			7 — 10 — 70		
3 — 10 — 30					
			8 — 8 — 64		
4 — 4 — 16			8 — 9 — 72		
4 — 5 — 20			8 — 10 — 80		
4 — 6 — 24					
4 — 7 — 28			9 — 9 — 81		
4 — 8 — 32			9 — 10 — 90		
4 — 9 — 36					
4 — 10 — 40			10 — 10 — 100		

NOTIONS SUR LES SCIENCES ET LES ARTS

Premiers Arts.

Les sauvages ne savent pas cultiver la terre ni élever des animaux domestiques, ou ils ne le veulent pas, parce qu'ils sont paresseux. Ils vivent des fruits que la terre produit toute seule ou des animaux qu'ils chassent ou qu'ils pêchent.

5

Pour les prendre, ils ont inventé les arcs et les flêches et les filets.

Agriculture.

L'Agriculture est l'art de cultiver

la terre et d'en tirer le plus de produits possible. Pour faire produire davantage à la terre on la laboure souvent et on y met du fumier. Les instruments qui servent aux travaux de la terre sont la bêche, la pioche, la charrue, la herse, la faux, etc.

Avant d'ensemencer une terre, on la laboure plusieurs fois ; on sème le blé en octobre ou en novembre ; il mûrit en juin ou juillet ; on le coupe avec la faux ou la faucille, on en fait des gerbes ; pour faire sortir le grain de l'épi, on le foule sous les pieds des chevaux, ou on le bat avec un fléau ; ensuite on fait moudre le grain au moulin entre deux meules de pierre ; l'écorce du grain produit le son, et l'intérieur la farine qui sert à faire le pain.

On cultive les pois, les fèves, les haricots, les choux, les carottes et surtout la pomme de terre, etc., pour la nourriture des hommes, et l'avoine, le trèfle, la luzerne, etc. pour la nourriture des animaux domestiques qui servent à nourrir l'homme ou à l'aider dans ses travaux. Ces animaux sont l'âne, le cheval, le bœuf, la vache, la brebis, la chèvre, le porc, etc. Avec le lait des chèvres et des brebis on fait du fromage.

Art de bâtir.

Dès les premiers siècles, l'homme a appris à tailler les pierres, à mouler et à cuire l'argile pour en faire des briques et des tuiles. En mêlant ensemble la chaux et le sable, on fit un ciment qui durcit

beaucoup. Avec des troncs d'arbres on fit des poutres et des planches.

Métallurgie.

C'est l'art de travailler les métaux. Voici les noms des principaux métaux employés dans les arts : or, platine, argent, cuivre, fer, étain, zinc, plomb, mercure, etc. Le bronze est un alliage de cuivre et d'étain, le laiton est un alliage de cuivre et de zinc. L'acier est du fer où se trouve un peu de carbone.

Art de vêtir.

L'homme se fait des vêtements avec la laine ou le poil des animaux, avec le coton qui enveloppe la graine du cotonnier, avec la soie qui est filée par un insecte, avec le lin, le chanvre qui sont des fibres de végétaux. La peau des animaux tannée sert à la chaussure et à d'autres usages.

Commerce.

Le commerce consiste à acheter

pour les revendre les choses utiles à l'homme, celles qui servent à sa nourriture, à ses vêtements, à son logement, etc. Au commencement les hommes échangeaient les choses qu'ils avaient contre les choses qu'ils n'avaient pas, mais quand on eut inventé la monnaie, avec de l'or, de l'argent ou du cuivre, qu'on reçut en vendant les produits de l'agriculture et de l'industrie, on acheta d'autres produits. L'argent est donc indispensable pour faire le commerce.

Navigation.

La navigation a permis de faire

le commerce avec tous les peuples de la terre ; on a construit des navires de toute grandeur, avec lesquels on traverse les plus grandes mers. On se dirige sur mer au moyen des astres et de la boussole, ou aiguille aimantée. Autrefois on ne naviguait qu'à la voile et à la rame, mais maintenant on se sert de la vapeur qui fait mouvoir des roues à palettes ou une hélice.

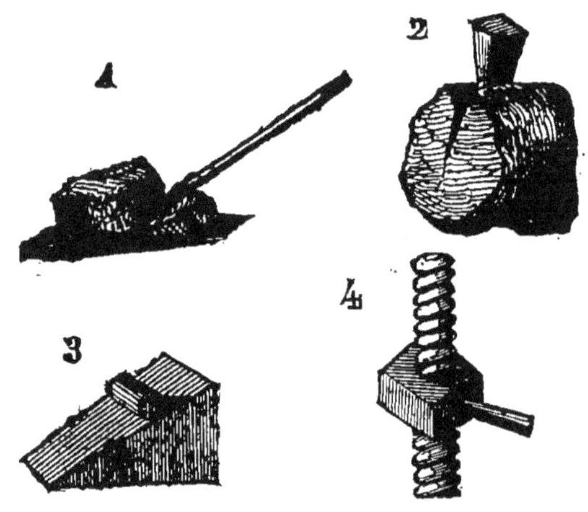

Mécanique.

La mécanique enseigne à utili-

ser les forces fournies par la nature qui sont le vent, les chutes
d'eau, la vapeur, la force des hommes et des animaux. Les instruments les plus simples de la mécanique sont le *levier*, (fig. 1.), le
coin (fig. 2.), le *plan incliné* (fig. 3.),
la *vis* (fig. 4.).

Machines à Vapeur.

La force de l'eau qui se change
en vapeur quand elle bout est telle
qu'elle fait éclater les vases les
plus solides quand elle ne peut pas
sortir. Cette force a été utilisée
dans les machines à vapeur, qui
se composent d'une chaudière, et
d'un ou de plusieurs cylindres
creux dans lesquels est un piston.
Pour s'échapper la vapeur soulève
le piston ; le piston découvre une
ouverture par où la vapeur sort,

et alors il retombe ; c'est ce mouvement de va-et-vient du piston qui sert à appliquer la force de la vapeur à toutes sortes de mécaniques.

Chemins de fer.

Les voitures des chemins de fer qu'on appelle wagons sont tirées sur des bandes de fer, par des machines à vapeur qu'on appelle locomotives.

Télégraphie électrique.

La physique apprend à connaître les phénomènes de l'électricité, le tonnerre est un des plus puissants. On a appliqué l'électricité à la télégraphie, en électrisant et désélectrisant alternativement des fils de métal, qui produisent à de

grandes distance, et avec une ra-
pidité prodigieuse des signes ou
même des lettres, qui servent à la
correspondance.

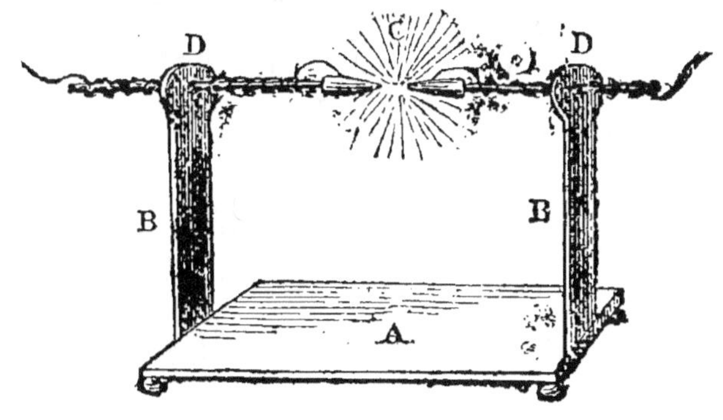

Eclairage électrique.

L'électricité est encore appliquée
à produire une vive lumière au
moyen d'un appareil destiné à
faire brûler deux charbons soumis
au courant produit par une pile
électrique.

Astronomie.

L'astronomie est la science qui

enseigne à connaître les mouvements des astres, comme le soleil, la lune, les planètes, les étoiles, les comètes, etc.

Géographie.

La Géographie enseigne à connaître la surface de la terre, ses continents, ses îles, ses mers, etc. On divise la terre en cinq parties, qui sont l'Europe, l'Asie, l'Afrique, l'Amérique et l'Océanie.

MER
Terre
Archipel
Cap
Banc de sable
Ile
Détroi
Montagne
MER
Port
Rade
Golfe
Presqu'île
Golfe
Terre
Continent
Rivière
Fleuve ou
Haute
Limite
Limite
Lac
Etang

Géologie.

La Géologie apprend à connaître tout ce qui est relatif à la structure de la terre que nous habitons, à ses dimensions, à la formation des couches de terres et de pierres qui la composent, ses vallées, ses montagnes, et aux changements qui ont eu lieu à sa surface.

Chimie.

La Chimie traite des propriétés des corps, et de l'action qu'ils exercent les uns sur les autres.

Physique.

La Physique traite des propriétés générales des corps qui existent dans la nature. Les corps peuvent exister sous trois état différents ; ils sont *solides*, comme les pierres, les métaux ; *liquides*, comme l'eau ; *gazeux*, comme l'air. La physique s'occupe aussi de la lumière, de l'électricité et du magnétisme.

Histoire Naturelle.

L'Histoire naturelle comprend plusieurs sciences, qui sont entr'autres la Physiologie, l'Anatomie,

la Zoologie, la Botanique, la Miné-
ralogie, etc.

La Physiologie s'occupe des fonctions des organes des animaux et des végétaux.

Zoologie.

Les animaux se divisent en quatre embranchements qui comprennent 1° les *animaux vertébrés*, comme les Mammifères, les Oiseaux, les Poissons et les Reptiles ; 2° les *animaux mollusques*, comme les Escargots ; 3° les *animaux articulés*, comme les Insectes, les Vers ; 4° les *animaux rayonnés* comme les étoiles de mer.

Les Mammifères se divisent en sept ordres :

1. *Quadrumanes*, subdivisés en Singes et en Maquis.

2. *Carnassiers*, l'Ours,

le Loup,

le Chien.

3. *Rongeurs* : le Rat, le Lapin,

le Lièvre.

4. *Edentés*, les Paresseux.

5. *Pachydermes* : l'Eléphant,

le Cheval.

l'Ane.

6. *Ruminants* : le Bœuf, le Cerf, la Gazelle, la Brebis, la Chèvre,

le Chameau.

7. *Cétacés* : la Baleine.

Les Oiseaux se divisent en six ordres :

1. *Oiseaux de proie.*

Les oiseaux de proie diurnes sont le Vautour, le Faucon, le Milan,

l'Aigle.

Les oiseaux de proie nocturnes sont le Grand-Duc, le Hibou, la Chouette, le Chat-huant, etc.

2. *Passereaux.*

Les Pies-grièches, les Moineaux,

le Corbeau,

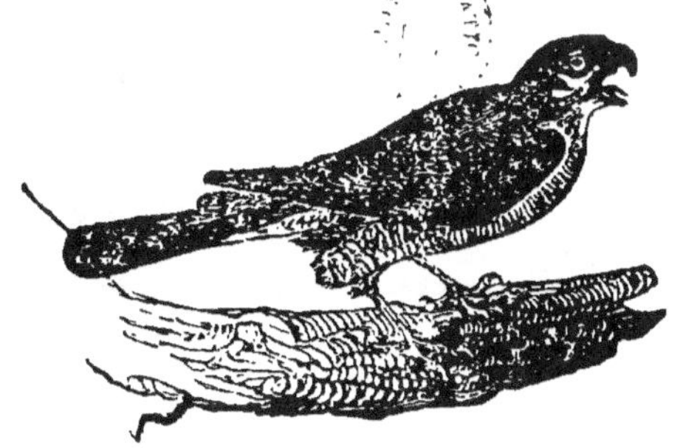

l'Engoulevent,

le Rossignol, le Serin, le Chardon-
neret, l'Hirondelle, l'Oiseau de
Paradis.

3. *Grimpeurs.*

Les Pics, les Coucous, les Toucans, les Perroquets.

4. *Gallinacés.*

Le Paon,

la Poule,

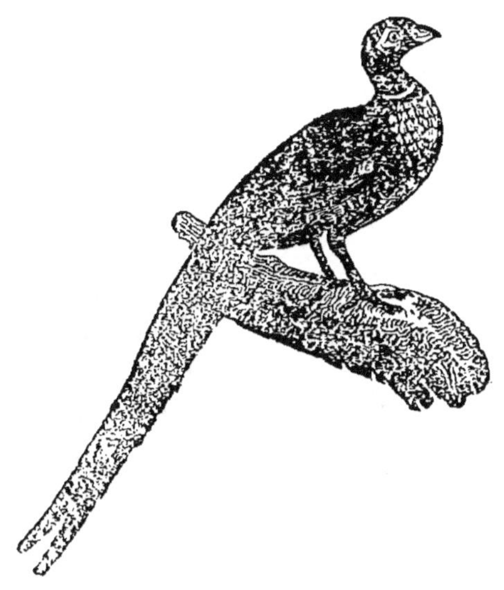

le Faisan.

5, *Echassiers.*

L'Autruche, la Grue, la Bécasse,

le Héron.

6. *Palmipèdes*.

Le Canard, l'Oie, le Pélican,

le Cygne.

Les *Poissons* et les *Reptiles* forment les 3me et 4me classes des animaux vertébrés,

Les *Mollusques* sont des animaux mous semblables à l'Escargot.

Les *Animaux articulés* comprennent les *Crustacés*, comme l'Ecrevisse ; les *Arachnides* ou Araignées ; et les *Insectes* proprement dits tels que les Mouches.

Les *Zoophytes* sont des animaux de formes très variées.

HISTORIETTES

Robinson Crusoë.

Robinson Crusoë était dans un vaisseau qui fit naufrage et il se sauva dans une île où il était tout seul, tout seul. Il n'eut pour maison qu'une caverne ; son lit n'était qu'un tas de feuilles sèches. Il serait mort de faim, s'il n'avait pas trouvé d'abord quelques fruits pour manger. Dans cette île, il y avait des chèvres sauvages ; il en attrappa

quelques-unes ; avec leur lait il fit du fromage ; avec leur chair, il se nourrit ; avec leur peau il se fit des habillements, un grand chapeau pointu, des bottines, un parasol, comme vous le voyez sur la gravure.

Un jour qu'il se promenait dans les bois, il entendit une voix qui disait : Pauvre Robinson Crusoë ! Pauvre Robinson Crusoë ! Il fut fort étonné, parce qu'il savait qu'il n'y avait point d'hommes dans l'île. Il regarda de tous côtés, et à la fin il vit sur un arbre un perroquet qui le regardait : en di-

sant : Pauvre Robinson Crusoë ! Ce perroquet répétait ces mots parce qu'il les avait entendu dire à Robinson, quand il était bien triste d'être tout seul, et qu'il priait le bon Dieu de le délivrer. Robinson apprivoisa ce perroquet qui lui tint compagnie.

Un autre jour Robinson fut extrêmement effrayé en voyant la marque d'un pied d'homme sur le sable, et il ne pouvait pas savoir comment cela se faisait. Mais, une fois qu'il se promenait au bord de la mer, il vit de loin des hommes noirs qui venaient dans un bateau. Ces hommes étaient des anthropophages, c'est-à-dire qu'ils mangeaient les hommes qu'ils avaient pris en se battant à la guerre. Ils allaient en manger un, mais celui-ci s'échappa et courut du côté de Robinson, qui tua d'un coup de fusil ceux qui le poursuivaient. Les autres hommes noirs eurent peur, ils rentrèrent dans leur bateau, et ils s'en allèrent.

L'homme que Robinson avait sauvé fut bien reconnaissant et s'attacha à lui pour toujours ; Robinson l'appela Vendredi et lui enseigna la religion chrétienne ; Vendredi aida Robinson dans tous ses travaux ; il semèrent du blé, plantèrent des arbres, élevèrent un troupeau de chèvres, construisirent un bateau, dans lequel Robinson, qui regrettait beaucoup son pays, avait l'intention d'y retourner avec son fidèle Vendredi. Cela aurait été bien dangereux, car le bateau était trop petit pour traverser la mer.

Enfin, il y avait vingt-cinq ans que Robinson était dans son île, lorsqu'il vit de loin un grand vaisseau. Il monta sur un rocher et fit des signaux qui engagèrent des gens du vaisseau à venir dans l'île pour savoir qui les faisait. Alors, Robinson leur raconta tout ce qui lui était arrivé, et ils consentirent à le recevoir dans leur vaisseau avec Vendredi, et ils le ramenèrent dans son pays, qui était une grande île qu'on appelle l'Angleterre.

Charlotte et l'Abeille.

Charlotte était une petite fille bien sage. Toutes les fois que son père ou sa mère lui apprenaient quelque chose, elle les écoutait attentivement et s'en souvenait bien. Aussi elle n'avait pas plus de quatre ans que déjà elle lisait couramment, et à cinq ans elle savait écrire, et ne faisait pas beaucoup de fautes d'orthographe. Sa mère lui apprit aussi à travailler : elle lui acheta un petit dé, une petite ménagère pour mettre son fil et ses aiguilles, une petite paire de ciseaux, et un petit nécessaire. Le père de Charlotte lui avait donné un petit livre où il y avait de jolies histoires, et quand elle avait bien travaillé elle prenait plaisir à le lire, parce qu'elle comprenait bien ce qu'il y avait dans le livre.

Un jour Charlotte avait cueilli des fleurs dans le jardin, elle vit qu'il y avait une abeille dans une des fleurs ; alors elle secoua

son bouquet. L'abeille tomba, mais malheureusement l'abeille tomba dans l'eau, où elle risquait de se noyer. Charlotte voulait la sauver, mais elle n'osait pas la prendre avec les doigts, de peur d'être piquée. Que fit-elle? Elle prit une de ses fleurs qui avait une longue tige, et elle l'approcha de l'abeille, qui y monta dessus. Charlotte retira la fleur; l'abeille se secoua, frotta ses ailes et son corps avec ses pattes, et s'envola sans faire du mal à Charlotte, parce que Charlotte lui avait rendu service.

Le Corbeau et le Renard. Fable.

Maître corbeau, sur un arbre perché,
    Tenait en son bec un fromage ;
Maître renard, par l'odeur alléché,
    Lui tint à peu près ce langage :
    Eh ! bonjour, monsieur le corbeau !
Que vous êtes joli ! que vous me semblez beau !
    Sans mentir, si votre ramage,
    Se rapporte à votre plumage,
Vous êtes le phénix des hôtes de ces bois.
A ces mots le corbeau ne se sent pas de joie ;
    Et, pour montrer sa belle voix,
Il ouvre un large bec, laisse tomber sa proie;
Le renard s'en saisit, et dit : *Mon bon mon-*
    Apprenez que tout flatteur   [*sieur,*
Vit aux dépens de celui qui l'écoute :
Cette leçon vaut bien un fromage, sans doute.
    Le corbeau honteux et confus,   [plus.
Jura, mais un peu tard, qu'on ne l'y prendrait

Le Savetier et le Financier.

Un savatier chantait du matin jusqu'au soir ;
    C'était merveille de le voir,
Merveille de l'ouïr ; il faisait des passages,
    Plus content qu'aucun des sept sages.
Son voisin, au contraire, étant tout cousu
                         [d'or,
    Chantait peu, dormait moins encor ;
    C'était un homme de finance.
Si sur le point du jour parfois il sommeillait,
Le savetier alors en chantant l'éveillait ;
    Et le financier se plaignait
    Que les soins de la Providence
N'eussent pas au marché fait vendre le dor-
    Comme le manger et le boire.   [mir,
    En son hôtel il fait venir
Le chanteur, et lui dit : Or ça, sire Grégoire,
Que gagnez-vous par an ? Par an ! ma foi,
    Dit avec un ton de rieur   [monsieur,

Le gaillard savetier, ce n'est point ma ma-
[nière
De compter de la sorte ; et je n'entasse guère
    Un jour sur l'autre : il suffit qu'à la fin
        J'attrappe le bout de l'année ;
        Chaque jour amène son pain.
Hé bien ! que gagnez-vous, dites-moi, par
        [journée ?
Tantôt plus, tantôt moins : le mal est que
            [toujours,
(Et sans cela nos gains seraient assez honnè-
            [tes),
Le mal est que dans l'an s'entremêlent des
            [jours
    Qu'il faut chômer ; on nous ruine en fêtes ;
L'une fait tort à l'autre ; et monsieur le curé
De quelque nouveau saint charge toujours
            [son prône.
    Le financier riant de sa naïveté,
Lui dit : je vous veux mettre aujourd'hui sur
            [le trône.
Prenez ces cent écus, gardez-les avec soin
        Pour vous en servir au besoin.
Le savetier cru voir tout l'argent que la terre
        Avait depuis plus de cent ans,
        Produit pour l'usage des gens.
Il retourne chez lui, dans sa cave il enserre
        L'argent et sa joie à la fois.

Plus de chant : il perdit la voix
Du moment qu'il gagna ce qui cause nos
Le sommeil quitta son logis ;   [peines.
Il eut pour hôtes les soucis,
Les soupçons, les alarmes vaines.
Tout le jour il avait l'œil au guet ; et la nuit,
Si quelque chat faisait du bruit.
Le chat prenait l'argent. A la fin le pauvre
[homme
S'en courut chez celui qu'il ne réveillait plus ;
Rendez-moi, lui dit-il, mes chansons et mon
[somme,
Et reprenez vos cent écus.

Cur unam tantum miss. placuerit celebrare, si an[
ror am (*ex privilegio*), prima erit legenda, si post aur[
tertia.

In nocte Nativit. omnino prohibet. miss. privat[
adsit indult. apostolic. et unica esse debet miss. de |
solemn. et conventual. cantat. (aut lecta si cantar[
possit) etsi contraria viguerit consuetud. quam S. |
sæpe sæpius esse declaravit abus. abscindend.

Ex concess. à SS. DD. Pio IX Archid. Aven. fact.]
admitt. poss. in miss. mediæ noctis ad sacr. commu[
dummodo scandalis et abusib. quibuscumque ulla ind[
teat occasio. S. R. C. 6 Decembr. 1860.

| 14 | 25 | ✠ **Fer. II.** *Alb.* **NATIVITAS D. N. J. C.**]

1 *class. cum. octav. privileg.* In Miss. *Credo.* [
et *Communic.* propr. per tot. octav. etiam in |
sanctor. In 2 miss. ad *Communic.* dicit. *Noctem*[
celebret. in die. In 2 miss. Comm. S. Anasta[
Mart. (1) In fine 3 miss. Ev. Epiph. — Ce[
transiens ante calic. non purificat. non debet g[
flect. S. R. C.

Hodiè in omnib. miss. solemnib. dum cantat. ℣. *E*[
carnatus est, Celebr. Ministr. et Cler. genuflect. —
miss. sol. ad hæc Verba Evangel. *Et Verbum caro fa*
est, omnes genuflect. Diac. versus libr. Celebr. et alii
sus altare (*stantibus Subdiac. librum tenent. et Ac*
candelabr. deferentib) Omnes genuflect. adhùc ad
verb. ultim. Evang. *Et procidentes.*

Hodie post Miss. solemn. RR. DD. Archiepiscop. imp[
in Basilic. Metrop. benediction. papal. cum indulg. pl[

In Vesp. Comm. *tantum* seq. (*etiam in eccles.*[
et omnium SS. Mart. ut in pr. Arch. sub fine.

| 15 | 26 | ✠ **Fer. III.** *Rub.* S. **Stephani,** **Protom**[

Dupl. 2 *class. cum. octav.* Comm. Octav. Nat[
et omn. Sanct. Mart. ultim. loco juxtà Decr. S[
C. 31 Aug. 1867, ad XIV. in L. et M. *Credo* P[